황학산에 들다

리토피아포에지 · 132
황학산에 들다

인쇄 2022. 6. 25 발행 2022. 6. 30
지은이 김응혜 펴낸이 정기옥
펴낸곳 리토피아
출판등록 2006. 6. 15. 제2006-12호
주소 21315 인천광역시 부평구 평천로255번길 13, 부평테크노파크M2 903호
전화 032-883-5356 전송032-891-5356
홈페이지 www.litopia21.com 전자우편 litopia999@naver.com

ISBN-978-89-6412-165-8 03810

값 9,000원

* 이 시집은 (사)한국예총 여주지회의 지원을 일부 받아 제작하였습니다.

김응혜 시집

황학산에 들다

리토피아
LITERATURE & UTOPIA

시인의 말

호흡이 느슨해지고
마음이 생생하게 되살아나는
산을 가졌다.

연약함을 붙잡아
긍정의 발자국 찍어주고,
날마다 작은 발 닦아주는
낮은 산.

웃자란 초록이 같이
성급하게 내디딘 작은 발자국
조심스레 찍어본다.

이십이년 유월에
김 응 혜

차례

제1부

제2부

제3부

제4부

| 제1부 |

개구리소리

어둠을 깔고 앉아 여름밤 환히 밝히고
해마다 줄어드는 텃논에 가락마당 넓게 펼쳐놓는다
이리저리 뛰어다니는 음音의 발자국

더이상 발 디딜 틈 없어 위로만 층층이 쌓아가는
무거워진 아파트 머리 위로
시원스레 파고드는 가락선

한낮 뙤약볕에 돌돌 말라 바스러진
꿈 뭉치 처박힌 골방에도
간간이 어깨춤 들썩이는 시김새

꽤~ㄱ 꽤~ㄱ 꽤~ㄱ 꽤~ㄱ

—여름을 담그는 소리

서시

나는
한 그루의 나무이고 싶다

한 뼘 땅에 뿌리내려 흙을 읽으며
햇살 한 줌 내려오면 받아먹고
지나는 실바람 이야기 모아두고
흰구름의 은은한 춤사위도 기억해 그윽한 달빛 줄에 걸어두고
풀벌레 소리 모아 연주하리라

뜨거운 태양 내리쬐면
파란 하늘 마주보며 웃는 법을 배우고
모진 비바람 속에선
소리 내어 잘 우는 법도 익혀 가리라

나이테가 늘어갈수록 호흡은 더욱 밝아져
친절한 노래 흥얼거리고

사랑의 가지 늘어뜨리며

그렇게
늘
제자리를 지키는

나는
한 그루의 나무이고 싶다

다시, 봄

봄볕 듬뿍 받은
호야*
겨우내 움츠렸던
줄기 마냥 뻗는다
잎을 채 틔우기 전
'여기는 내 땅이다'라고 선포하듯
긴 줄기 이리저리 쭉쭉 뻗어간다
다육이 위로
팔손이 위로
고무나무 위로
기댈 곳 필요 없다는 듯 가는 손 번쩍 들고
꼿꼿이 일어서는
봄의 힘

햇살 몇 가닥 세던
누추한 나의 베란다에

봄을 피우겠다는 생각으로

초록의 힘 반짝이며 들어앉는데

* 박주가리과의 다년초.

작은 창

낮은 무릎 절룩이며 파내려간 도시
가파도키아
난 문을 찾기 위해 몇 번이나 발을 헛디디고
몇 번이나 허리를 접는 연습을 해야 했다

어둠으로 퇴화된 눈을 더 섬세하게 틔우기 위해
틈날 때마다 햇살 한 다발씩 꺾어 작은 창에 꽂아두었으리
투박한 바위벽 틈으로 나지막이 흘려보낸 신음소리는
도시 전체가 하나의 공명통 되어 칸칸의 방들을
몇 바퀴나 돌고 돌아 하늘에 닿는 문장으로 새겨졌으리
바알에게 무릎 꿇지 아니한 칠천 개의 불씨처럼
진귀한 그림자 짜느라 닳아버린 손과 발로
내핵까지 파내려가다 스스로 별이 되어 박혀버린 사람들
수천 년 지나서도 광야길 걷는 이들의 이정표 되어
꿋꿋이 서고
숨비소리 참으며 건져 올린 진주는 하늘 창고에 배게 들어
찼으리

한 호흡 참는 것도 버거운 나의 작은 골방은
문을 세우느라 오늘도 여린 무릎 깎아내고
세미한 음성 놓칠세라 촘촘한 그물코 연신 매만지고

직립선언

살아온 날만큼 패인 곳 많은
곰보바닥 위로 시간이 지나는 소리 요란하다
공손히 허리 숙여 두 다리 끌고 가는
저 세월의 무게

거죽만 남아 배배 꼬인 다리
두 손으로 다독여 들어 올려가며
길을 재촉하는
울 엄니

머리를 하늘에 두어야 사람으로서 존중받을 수
있다는데 그래야 인격을 측량할 수 있다는데

나이가 죄가 되지 않으려 허물어져가는
기억 붙잡으며 허공을 디디는 다리에 힘을 주어보지만
광속으로 움직여온 오른발과 왼발의 근력
어디에 다 쏟아버리고

제자리걸음에 길들여지시나

수직인생을 베끼며 완강히 버텨온 덕에
걸음보조기 하나 얻어 한 몸이 되고서야
비로소
직립을 선언하는 허연 머리
하늘 향해 나폴거리는데

참, 참, 참나무야

참나무의 계보를 펼쳐볼까요
수라상 오른 상수리, 잎으로 떡을 싸는 떡갈, 짚신 밑에 깔아 신갈, 너와지붕 덮은 굴참, 가을 잎새 닮은 갈참, 열매 작은 졸참……

참의 세상은 나눔이 익숙한 넉넉한 골목 가지고 있나요
평화가 넘치는 둥근 세계 만들어가나요

들판을 내려다보며 도토리 수를 조절해가는 밑그림을 그리는군요
반질반질한 도토리에 모자를 준비하는 예의를 갖추는군요

긴 뿔 달린 사슴벌레 사각거리는 소리 들리나요
곁을 내어준 둥지마다 사부작거리는 소리 들리나요
표고가 둥치 타고 자박자박 올라가는 소리 들리나요

발 디딜 곳 찾아 집을 지어요

뿌리내려 일어서면 1목1주택의 당당한 입주를 만족하게 되겠죠

평생의 터전에서 부모형제와 한 마을 이루면 숙성의 농도 한층 깊어지겠죠
반짝이는 향기 먼 곳까지 걸어둘 수 있겠죠

나무초리마다 숲의 윤곽 세밀하게 계산하여 하늘을 조각하니 어울림의 모양 한층 돋보이는군요

참을 한 겹 더 입어보기로 해요

곧은 결 따라 푸른 불꽃 일어서네요
올곧은 호흡으로 정련하는 힘 높아지네요
온유한 열기로 순환의 맥 짚어가네요

황갈색 세상은 참 넓은 세계를 일궈가는군요

탈피

나무 둥치에 붙어 머리를 하늘로 향한 투명한 허물
거미줄처럼 새겨져 나오는 갈증의 흔적 고스란히 담고 있다
밤새 뒤척인 모래 언덕같이 부스스한 소리 끌어안고 있다

계절이 바뀔 때마다 손수 새 옷을 지으시던 아버지
새벽마다 책상 앞에 앉아 잠자리 날개 같은 실 뽑아
미달된 질량 채우시려 손끝에 매달린 지문 날마다 새로 짜셨지

칸 공책에 반듯한 글씨 힘주어 쓰는 법을 가르쳐주시던 아버지
호령하던 세월 카랑카랑하던 목소리 허물 속에 채워 넣으시고
낯선 홍수에 떠밀려 독수리 타법으로 똑, 똑, 똑, 길을 더듬으셨지

연습총량의 법칙을 지키느라 바짝 마른 오늘을

내일의 불쏘시개로 차곡차곡 쌓아두고
한 세상 허물을 훌훌 벗으신
아버지

또르르르 탁 또르르르 탁
자판 위를 걸을 때마다
아직도
새 옷 지으시는 소리 들려오지

회전초

구름이 부풀어 오르는 모서리를 돌돌 말아 뒤집자
바람은 요란한 재채기를 해대고
너는 축을 놓쳐버렸어

앙상한 몸을 둥글게 말아 안으로안으로
가시까지 접어 넣으며 구르고 굴렀지
구를수록 더 가벼워진 몸은 생각보다 한 발 앞서
바람의 숨보다 한 발 앞서 굴러가는 숙명을 가졌는걸

바람에 결박된 수만 수천의 생각을 디디고
바람의 근원을 찾아 하늘에 닿을 듯 기둥을 쌓아가자
별똥별이라도 떨어질까 경계의 눈치가 치솟았지

소리를 개켜 모아둔 세상과 내통한 바람개비는
일찌감치 바람의 숨결을 즐길 줄 아는데
냉기를 덜어내려 수시로 모양을 바꾸는 구름을 벤 채
생의 꼭지점을 키운 너는

온몸에 눈을 달고 산 지난한 여정 속에서도
무심한 듯 씨앗 하나 툭 떨어뜨렸지

바닥을 딛지 않고 살아가는
그저 구르며 고여 있는 것을 흘려버리는
수척해지는 풍경을 그려나가는

삶의 의지란
바람의 언어를 익혀 때론 안팎을 뒤집어 볼 수 있도록
안과 밖의 간극을 줄여나가는 것임을

의문이 가라앉은 흙먼지 사이로 클립스틱이 마주치길 기다리는
그림자 하나 주먹을 쥔 채 서성이는데

따개비

성안에 들어박혀
날마다 그림자 갈아입는 달의 이름 뒤적이며
나를 다 읽었다는 듯 흘러나오는
달빛 몇 줌 채취해 광달거리에 걸어두고
그분과 나 사이의 중력에 대해 묵상한다

바위섬 꼭대기에 작은 성 지어놓고
변덕스런 천기를 온몸으로 견딘 탓인가
이제 해명에도 흔들림 없이 조석표 읽는 법을 터득해
난바다로부터 바람에 매달려 맨발로 달려오는
하얀 포말 톺아보며 파도를 밟고 오신
그분의 자명종 위로 기다림의 그림자 뉘인다

천년 같은 하루를 견디는 일은 섬지기의 숙명인지라
밤낮없이 바다의 표정을 읽으며
밀물과 썰물의 어디쯤에 있는 질긴
갈퀴의 방향을 알아채는 눈치를 기르고

다시 오시겠다 약속하신
그분의 알람에 귀를 단련시킨다

달의 영허에 밀려온 편지를 건져
심해를 여행하는 이들을 읽고
세상을 여행하는 이들을 읽으며
고착생활에 지친 나는
슈퍼문이 떠올라 해수면을 더 높이 당겨주길 노래하며
궤적사진 속 큰 별에 그리움을 기댄다

때론, 불가촉천민처럼 무른 삶으로 분류되어도
몸 낮춰 바위에 꼭 붙어있어야만 은혜의 바다에 잠길 수 있음을 알기에
기다림에 차오르는 눈물 삼켜 파도를 부리며
부려附麗한 오늘을 버텨낸다

하얀 꽃

바닥이 훤히 들여다뵈는
섬에 하얀 꽃을 심어요
무심함이 부풀어 오르자
섬은 할미꽃처럼 꼬부라들고
문은 벽 뒤에 숨어요

나선형 은하 안쪽 구석의 붉은 별처럼
가슴에 맺힌 한을 태워
재처럼 하얗게 피어난 꽃이지요
겨우 모양만 남아
주어진 시간을 억지로 채워가요

셈이 서툰 아이는
아직도 문을 찾지 못해 더듬거리고
높아지고 빛바랜 턱은
자꾸 문을 감춰요

낮은 바람에도 들썩이는 기척들
주름진 손으로 다독이고
바람을 꺾어 흩뿌리면

빛을 갈아 끼듯 무채색 꽃잎 한 장
기우뚱 피어나요

국수나무

참나무 아래
봄볕 모아 일가 건사하기 바쁜
국수나무
찬바람 채 가시기 전
아침햇살 채 눈뜨기 전
곱은 손 모아 조용히 초록옷 지어가는
저 부지런한 천성

국수가 귀한 손님 대접하던 시절 있었다는데
지천에 널려 있는 이것처럼
손쉽게 먹을 수 있길 바라던 아이들
가지에 숨어있는 국수 한 가닥씩 쏙쏙 뽑아
훌훌 말아먹으며 소꿉놀이 즐겼다는데

국수나무 눈뜨던 이른 봄
자식교육은 도회지에서 시키겠다며
몇 개의 세간 달랑 싣고 이백 여리 걸어 분가하신 할아버지

평생 옹색한 살림에서 벗어나지 못하셨다는데

녹음 짙어가는 한여름엔 가지 사이사이 흘러드는
별 부스러기에 의지하는

음지의 삶이란

한 톨의 볕뉘도 알뜰하게 모아야 하기에
때꺼리 늘려 보겠다고 밀가루 풀어 국수 뽑고 수제비 뜨던 때에도
배좁은 거리에서 마디숨 쉴 때에도
필사적으로 내민
장남의 긴 손

오종종하게 모인 하얀 꽃망울 터뜨려
이젠
밀원식물로

지표식물로 자리매김하여
시린 날 지워가는
국수나무

해바라기

햇살 가득한
뒤뜰에 조용히 앉아
마음을 비우고 해님을 바라보자
머리부터 발끝까지
에너지로 채워지는 충만한 느낌
추운 마음 구석구석
따스한 기운이 스며든다
가파른 세상살이
잠시
내려놓을 수 있는
어머니 품속 같은
아늑함

건빵과 별사탕

난 입이 작아 건빵을 못먹어
난 입이 작아 천둥소리가 들어앉질 못해

여섯 살 때 외할머니 따라 원남장에 갔더니
입이 작다고 건빵 대신 좁쌀 하나 들어있는 별사탕을 주셨지
그때부턴가 내 입은 자라질 않아
입재기 하면 늘 밀려나
하마처럼 입 벌리고 마구 쏟아지는 천둥소리가 무서워

입은 자랄수록 점점 가벼워져 동동 떠다니다
불꽃처럼 퍼~엉 터지곤 하지
불꽃을 따먹으려 몰려온 사람들
굄목을 딛고 손을 뻗어보지만 이내 대칭점을 놓치고 짜부라들지

작은 입 좋아한 별사탕은 하늘로 올라가 작은 별 됐을까

천체 망원경을 줌인하여 작은 별 데려오면
내 입도 하마처럼 커질 수 있을까

작은 입 키워보려 오늘도 나는 절룩이며
별자국 따라 나서본다

청년실업

아파트 한 동 트럭에 실려 간다 공동주택 규범에 갇혀 양력의 날개 꺾고 공기주머니 달고 짧은 호흡 하다 층층이 올라타고 떠나는 여행 모퉁이마다 닭의 볏 화사하게 피어난다

오붓한 꿈 위해 날마다 주어진 레일 위를 쉬임없이 달렸으나 거미줄에 매달린 듯 차려지는 가벼운 밥상 볏은 데코처럼 늘 화사하게 얹어진다

밤낮없이 스며드는 환한 빛에 새벽은 문턱을 깎아버려 아침을 불러오지 못하고 영문을 모르는 채 말똥거리는 눈 수천 년 전 멧닭 되어 자유로이 날던 때를 꿈꾸고 있을까

열정페이로 굴레를 끊어내려 홰를 치지만 무거운 삶의 더께를 걷어내지 못하고 투잡 쓰리잡의 난간에 매달려 오늘을 깁는 별들 깜박깜박 길을 잃는다

| 제2부 |

겨울나무

태아처럼 잔뜩 웅크린 채
잃어버린 세상을 매만지며
시간을 세어간다

가리울 것 없이 온몸을 드러낸 채
머뭇머뭇 둥근 세상을 다듬으며
시간을 세어간다

굵은 옹이에 먹먹한 가슴 안고
사막을 가로지르는 꿈빛깔 고르며
시간을 세어간다

바람 한 잎 살짝 내려앉던 어느 날
키 재보려 발돋음 하며
기지개 켜본다

시간을 세어본다

햇볕목욕

아파트 복도에 매달린
햇발이 긴 팔 뻗어 눅눅해진 마음을 뒤적뒤적 말린다
밤새 꿈의 잔영을 좇느라 가빠진 숨을 내 널어
종일 꼼꼼하게 습기를 핥는다

부싯돌처럼 자못 비장하게 팡팡 부딪힐 때마다
반짝이는 은빛 날개를 타고 온몸 다해 펄럭이는
저 깃발이
시린 마음 달래줄 따사로운 손길 같기도 하고
한생을 덮음직한 미더운 손길 같기도 하여
앞바람도 잔 볕까지 살뜰히 모아 구석구석 닦아주는데

날 세운 모서리마다 긴장의 끈 풀어놓아
솜털구름 몽글몽글 피어오르면
온기를 퍼 담느라 분주해지는
석양이 붉어지는데

깜박 졸던 햇살 한 줌과
재재거리던 바람 한 줄기가
등을 살살 떠미는 바람에
바튼 해걸음은 오늘을 공손히 접어
보송보송한 밤을 켠다

비

말이 달려와요
언어 번역기가 없던 시절엔
귀 달린 도롱이 입고 온몸으로 들었지요

바람에 실려온 한 줄기 언어
모스부호처럼 끊어질 듯 이어지네요

구름 방울이 몰려다니지 않도록 신중해야 해요
자칫 비에 금이 가면
유턴이 어려운 말들이 쏟아져 내리죠
샛바람이 비를 깨지 않으려 까치걸음 할 때
누군가 긴장의 끈을 팽팽하게 쥐고 햅택센서를 판독하겠죠
잠시 한눈파는 사이 이름표가 바뀌는 건 예사니까요

직진을 좋아하는 당신을 읽기 위해
투명한 옷 차려입고 나란히 서면
낯선 시간을 뚫고 내려온 한 두릅의

비가 연주하는 전주곡에 실려
고삐 풀린 말들이 귓가에 서성이며 해쓱한 시간들을 채워
가네요

글썽이던 귀가 자라기 시작하면
몽토라진 추억 하나씩 다듬어 가슴에 걸고
곡의 마디마디 웅크린 채 고여 있는 말들이 일어서서
헐렁한 시간들을 꽊지끼어 나가요

유등, 다시 피다

—충무공 김시민 장군을 생각하며

뿌윰한 안개 속

김시민 장군
태평성대인 양 남강에 유등 띄운다
적의 눈 가리기 위해 남강을 빛으로 채우자
진주성이 깨어나 물결 따라 출렁이고
한 곡조 피리소리 퍼져나가 적의 마음 녹여낸다
막대를 군사로 위장해 세우고
미리 갈고닦아놓은
현자총통과 비격진천뢰로 적의 기세 꺾을 때
꼬막손도 작은 돌까지 모아
마른 목숨 붙잡으며 힘써 싸우니
어둠을 더듬던
바람까지 한 줄금 그으며 힘을 보태어
기어이 진주성을 지켜냈다

육지에서의 최초 대승으로
경상도를 보존하고 호남 가는 길목 막아
적의 기운 누르니
겨레의 희망 불씨 되어 번져나가고

화려할 때 목을 꺾어 땅에서 다시 피고
사랑하는 이의 가슴에서 또다시 피어난다는 동백꽃처럼
장군 39세 아까운 나이에 적의 탄 맞고
싸늘한 그늘에서 안간힘 다해 토해내던 나라사랑의 불꽃
민족의 가슴에 눈부시게 다시 피어난다

진주성 안
수호상 되어 역사의 주인공으로 우뚝 선
충무공 김시민 장군
임진년의 시간 풀어놓은 남강 바라본다
평화를 기원하며

분분한 동백꽃처럼 다시 피어나는 유등
완강하게 버틴 즈믄 밤의 숨결 되어
꺼지지 않는 의식으로
강을, 하늘을 홍건히 적시고 있다

겨울비

겨울비 추적추적 내리는 늦은 밤
무거워진 빗방울에 쉼표를 달아준다
그 누군가 고뇌에 싸여
울음이 채 눈물로 나오지 못하는 이를 위해
대신 울어주는 소리
겨울이라 더 무거운 것인지
늦은 밤이라 더 무거운 것인지
빗방울 타고 내려오는
멈출 수 없는 기억의 조각들을 맞추다
잠시 허리 편 사이
얼른 쉼표를 달아준다
그새 잠시 호흡 고르고
다시 떨어지는 굵은 빗방울

군무

물돋음 하는 오리 떼 꽈악꽈악 소리 날개 돋아
펄럭펄럭 낮은 하늘 밀어 올리면
구름의 경계마다 켜켜이 피어나는 바람꽃 타고
펼쳐지는 춤 한 마당

곤포 사일리지가 마시멜로처럼 차려진
빈 들 헤집으며
바람의 울음마저 곱게 다져
한 톨씩 물어온 꿈을 딛고 돋쳐 오르면
살구꽃에 작은 날개 돋아 해끗해끗 봄을 추듯 피어나는
점묘화 한 점

하얗게 부푼 억새꽃 춤새에
계절을 훌쩍 뛰어넘어 한 가닥씩 파고드는
긴 햇살이 황금빛 추억을 버무려 면면히 지켜온 자리 들치면
물의 이엉마다 얹어진 점들 뜬 섬 하나 만들고
물빛을 휘휘 저어

낡은 가방 속 추억이 주섬주섬 일어서면
이야기꽃 한 무더기 키득거리며 되살아나는

노을꽃 벙글어 하늘 가득 피어나면
한바탕 싱싱한 수다가 펼쳐지는

어울림

바다숲 소리를 불다

조용히 바다를 바라보면 포의수에서 둥둥 떠다니던
아득한 기억 속으로 들어가는 듯하다
그렁그렁한 둥지에서 자유로운 비행을 하던 친밀한 길을 따라가면
바다숲에서 불어오는 피리소리가 들린다

아주 먼 옛날 지구에 물이 채워질 때에도
경쾌한 피리소리 들렸으리라
어미의 탯줄마다 안온하게 이어져온 이 소리

바다가 갸르릉거리며 콧노래를 부르면
김 씨는 어린 오남매에게 낚싯대 하나씩 들려
파도가 몰고 온 은빛 꿈을 한 소쿠리씩 거둬들였다지
그저 발만 참방거려도 꿈들이 주렁주렁 매달려왔다는데

온난화의 열기로 이마가 뜨거워지고
탄소와 미세 플라스틱이 잦은 기침을 토해내자

종내 귀까지 먹먹해져버린 바다

고대부터 줄밥 뿌려 바다를 잠재우듯
바다식목일이면 해조류 심어 바다를 달랜다는 김 씨
번잡한 생각 바닥 깊이 내려놓고
조봇한 미역과 톳 모자반 해삼 전복 등의 화음을
건져 올리는 꿈을 꾸겠지

바다 호흡을 이해한 그는 파도꽃 필 때마다 총총 들려오는
피리소리에 휘파람 불어 화답하겠지
바다와 함께하는 긴 호흡이 에너지 가득한
생명의 시작이고 끝임을 써 가겠지

낮은 발

뿌리의 내력이 궁금해진
바람은 기어이 땅을 헤집고
지상과 지하를 분배해 살기로 한
나무 무언의 약속을 깨뜨리고 말았어

드러난 소나무 뿌리
지상에서의 완벽한 위장 위해
표피를 단련시키고
스스로 계단이 되었지

홍시 떠먹이듯 꿈을 떠먹여 주신
아버지
고단함을 얼기설기 짜서 온몸에 걸친 채
단단해진 등짝 기꺼이 디미셨지

메모된 삶을 누비질하며
굳게 내린 맹그로브 나무 푯대 삼아

부지런히 짠 뿌리 그물을
차곡차곡 개어 높은 곳에 걸쳐두고

아직
각도가 맞지 않아 펴지 못하는
낮은 발

젠가*

가슴에 품은 별 하나씩 꺼내어 집을 지어요
우주에 걸쳐둔 실 한 가닥이 구심력을 키우면
우린 맴맴 돌며 소실점을 찾아가죠

긴장의 날 세우느라 하루가 무거워지면
눈물 발라가며 삭은 틈새 메우고
약 한 줌 툭, 털어 넣고 기우뚱한 생각을 불러들여요

세파의 경계에 가려움증 파고들어 출렁이면
뻑뻑 긁어 초토화된 울 엄니 초라한 집이 보여요
고인 힘 쥐어짜느라 굽은 등 위로
텅 비어가는 늑골 하나 빼서 계단을 만들면
버팀의 내공 한 겹 두터워지고
팽팽한 우주처럼 붉게 번져가는 눈자위 가늘게 떨려요

빈 가슴 졸이며 가둔 날숨
우주의 기울기 가늠하며

지나온 세월의 고팽이 풀어 구석구석 살피는데

잠시 수평을 놓친 허술함에
우당탕탕탕 탕탕탕
감마선 폭발같이 요란하게 허공을 찌르는
조문 한 줄 보여요

팽팽하게 끌어당기는 계단의 발꿈치 붙잡고
정형화 의식은 다시 시작되고

* '짓다'라는 의미의 스와힐리어로 같은 크기의 직육면체 조각을 쌓아 만든 탑에서 무너지지 않도록 한 조각씩 빼어 맨 위로 다시 쌓아 올리는 게임.

바지랑대

바람과 동행하기 위해 작은 주머니조차 달지 않으셨지

몇 그램의 바람에도 비틀거리며 링거줄 같은
장남의 훈장에 더듬더듬 매달려 어설프게 호를 그려대는
외발 컴퍼스 되신 아버지
이파리처럼 매달린 가족들의 젖은 물기 날려 버리려
온몸을 부지런히 흔들어댔지

장대비가 어둠을 몰고 온
그날
장성한 아들 먼저 보내고 잿빛 바닥에 엎드려 낮은
신음소리 땅에 묻으시고 비쩍 마른
토르소로 거듭나셨지
삶의 기복 위를 걸을 때마다 인내를 몸에 두르시고 또 두르시며
중심점을 끝까지 붙들고 계셨지

한 방울 물기조차 용납하지 않으시던
고집스러움으로 모진 세월 베어내고
어느새 친숙해진 바람과 장단 맞춰 그리던
반달을 딛고 허공에 한 겹 한 겹 길을 내셨지

나무의 자성 잃지 않고 펴는 그늘 속에
뽀송뽀송한 삶들이 돋아나고,

얼룩무늬 지문

하나로 뭉쳐졌다 수천 개로 펼쳐지는 얼룩무늬에 대해 생각해요
우기가 되면 조악한 풀을 등지고 느자이판을 향해 이동하는 얼룩말
목숨을 담보로 강을 건너고 숲을 지날 때도
자신을 증명하기 위해 하얀 무늬 선명하게 다듬어요

무늬는 서로를 받아들이는 약속

호황과 불황을 오가며 비빌 언덕을 찾아 링크드인Linkedin을 달리는
잡호핑job-hopping족도 경력과 인맥의 무늬 힘겹게 새겨요
정보의 바다에 어지럼증 일으켜 세우며 등고선 촘촘히 입혀가요

바람이 흘리고 간 서리꽃처럼
아귀가 맞지 않아 풀어내지 못한 세상에 대해

오답지를 기록하던 습관대로 꼼꼼하게 적어보지만
밑줄 하나 그어놓고 속절없이 밀려가는 너는
시작점을 놓친 실타래처럼 꼬여버리기 일쑤지

이럴 땐 손을 높이 들고 외쳐 봐요
"열려라 참깨"

허공을 치는 메아리라도 붙잡아 다듬어요
탄력 있는 시간의 유전자는 골디온의 매듭처럼
단단하게 묶여있는 허공을 단칼에 내리칠 수 있을까요
하얀 무늬와 검은 무늬를 구별할 힘이 생길까요

아롱진 것과 점 있는 것을 가려내는
지문 꿈틀 피어나기를 기다리기로 해요

그러면 간결한 공식이 입력되어
나의 나 됨을

너의 너 됨을 증명하고
우리 사이의 의문부호는 이랑을 타고 빠져나갈까요

그럼, 하늘 빼꼼 보이는 열쇠 하나 줄 수 있을까요

꿈꾸는 여주

황학산의 맑은 바람 황포돛배 띄우고
세종대왕 뜻 이어서 세계를 향해
역사의 주인으로 뻗어나가는 여주
살기 좋은 우리의 여주 청정한 고장
나가자 함께 나가자 손에 손잡고
남한강 맑은 물결 따라 내일을 싣고

금모래은모래 고운 꿈 행복으로
천년 향기 도자기에 고이 새기고
한반도 심장에 뿌리내리는 여주
살기 좋은 우리의 여주 마음의 고향
나가자 함께 나가자 손에 손잡고
남한강 맑은 물결 따라 내일을 싣고

남한강 맑은 물결 따라 꿈꾸는 여주

* 여주 市歌임.(작사 김응혜, 작곡 김현성)

동행

엄마와 단둘이 지내던 그녀는
대가족에 둘러싸인 날 부러워하고
난 엄마 사랑을 독차지하는 그녀가 몹시도 부러웠어

그녀는 장남 만나 친지들에게 둘러싸여 북적대느라
아들 하나 두었고
난 외아들 만나 적적하여 삼남매를 두었지

가끔 만나 수다로 작은 집 짓고
아주 가끔은 밤새워 수다로 큰 집도 지어보곤 하는데

엎치락뒤치락 흐르는 세월에
내 삶이 그녀 삶 같고
그녀 삶이 내 삶인 양 친숙해지는데

오늘도 마주앉아 차를 마시며
깨알같이 적힌 안내문을 읽기 위해

그녀는 돋보기를 꺼내 쓰고
나는 안경을 벗고

추억은 구름을 타고

쏟아지는 햇살 뚫고 내려앉은 구름 한 점 음향교신하며 뭉게뭉게 자라나더니 유년의 기억을 펼쳐놓네요

오촌육촌까지 한 골목에 살며 걸쳐놓은 구불구불한 안부가 수북하게 쌓인 떼구름 위에 은비녀 꽂은 할머니 텃밭에서 호박잎 똑똑 땁니다 할머니 된장향이 아직도 입안에서 너울거리자 그리운 눈물 왈칵 쏟아져 쌘비구름 한 자락 몰고 옵니다

비릿한 냄새 촘촘히 엮인 비늘구름 틈새에 알록달록 잉어가 입을 뻐끔거리다 고모가 사준 빨간 구두 물고 자개구름 위로 올라가네요 끈 떨어진 구두로 복받쳐 오르는 이별의 설움 이젠 비늘 한 조각으로 떨어져 잠방잠방 물소리로 고입니다

싸리비로 싹싹 쓸린 행복이 자라는 마당에 꼬마가 양떼구름을 몰고 맨발로 뛰어다닙니다 구름 위의 촉감 아슴아슴

느껴보는데 갑자기 셰파트 카린이 툭 튀어나와 꼬리구름을 흔들어대고 언니 오빠가 대추나무를 두드려 발갛게 익은 대추 한 줌 두두둑 꽃구름 위에 던져줍니다 채송화 분꽃 칸나 …… 화단의 꽃을 채 부르기 전에 면사포구름 넓게 펼치며 저녁을 부르네요

북극성이 또렷이 박힌 신흥동 87번지에 담긴 유년의 추억이 하늘을 딛고 놀구름 속으로 뚜벅뚜벅 걸어갑니다

| 제3부 |

에움길에서

뽀얀 콩물 베보자기에 내려 간수 끼얹으면
몽클몽클 모여드는 부드러운 덩어리들
양념장 살짝 얹으면
한 대접 술술 잘도 넘어가는데

안으로만 고여 단단하게 뭉쳐진 시간
풀어놓는 법을 몰라
절룩거리는 이야기 걸러내지 못하고
맘이 얹혀
순두부 한 숟갈도 넘기기 힘들던

세월에 익어 어슴푸레 풀어진 이야기
함박눈처럼 송이송이 피어나면
섬섬이 사라진 기억들 뜨뜻한 순두부 위에
목화, 하얗게 몽글몽글 피어오르고

하늘결소리 · 1

초자연적인 생기를 가득 모아요

고요는 소리가 머무는 보루지요

어린 햇귀 맨 먼저 마중하며 또르르 길을 내는
이슬처럼 소리 길을 열어요
머리끝까지 이어진 고기압의 굴뚝에서 흘러넘치는
날숨은 마른 시간에 양각을 새기며 일어서요

한껏 멋 낸 세 자매가 여러 가락으로 뽑아낸
소리를 촘촘히 빗질하여 하나로 묶으려면
먼저 마음을 꿇어야 해요
불쑥불쑥 고개 드는 마음을 겸손의 누름돌로 꾹꾹 누르고
모음을 정성껏 꿰어 모으면
수금 타며 닦아놓은 비밀스런 찬양의 길이 보여요
섬세한 반음으로 한 걸음 다가가
빛과 어둠을 선명하게 그려 넣으면

에너지 가득한 표정이 들려요

가지런히 모은 마중물 호흡으로
빛이 출렁이는 소리 한 겹 한 겹 다듬어
하늘 위의 하늘로 올려드려요

우리에게 불어 넣으신 생기를
온전히 하나님께 돌려드려요

하늘결소리 · 2

힘을 빼는 것은 자기를 부인하는 연습을 하는 거죠 물과 동화되기 위해 온몸의 힘을 빼듯 가벼운 소리결로 더 높이 오르기 위해 날마다 자기를 비워야 하는 거죠

어설픈 눈썰미로 흔들어대던 음의 행간에서 단정히 내려와 겸손으로 허리를 동인 세 자매가 혼자만의 음색 위를 가만가만 디디며 온 맘 다해 모음을 통일시키면 매인 것을 풀며 닦아놓은 비밀스런 찬양능력의 길이 보여요

우리는 잎사귀 무성한 높은음자리와 낮은음자리에 앉아 저 높은 곳을 바라보며 연구개에 숨겨놓은 낙하산 모양의 비밀병기를 펼쳐 절대음역의 디딤돌로 삼고 축복의 울타리를 세워나가요

앞다투어 서로의 약한 부분을 담당하며 위로 향하며 활짝 열린 소리를 아래로 향하여 활짝 열린 소리를 한 음 한 음 밟아가는 화성 속에 거대하게 펼쳐지는 그림이 보여요

노을빛 숨결 반짝이며 덧입은 감사를 찬송 중에 거하시는 하나님께 올려드려요

우리에게 불어넣으신 생기를
온전히 하나님께 돌려드려요

하늘결소리 · 3

호흡을 다 비워 봐요
새로운 소리가 실려 와요
소외되는 음이 없도록 하나하나 정성껏 받쳐주면
호흡을 초월한 소리가 점점 자라나죠

잠자는 바람의 숨까지 잡으려
영적 더듬이 예리하게 움직이면
목울대는 더욱 맑은 떨림으로 일어서
종이 띠처럼 살짝만 들어도 깊은 소리가 살아나죠

수목한계선에서 혹독함을 견딘 나무처럼
고난과 위기를 넘어 한층 단단해진
우리는 모든 걸 비워내고 허공을 만지며
울림 좋은 악기로 변화되어 가요

광야 같은 삶에 에너지로 충만한
벅차오름을 강하게 응축시키기 위해

조심스레 조옮김을 해봐요

통일된 모음이 호흡에 실려와 화해의 열쇠가 되어
하늘이 열리고
땅이 열려요

선한 힘이 이끄는 대로 우린 하나의 악기가 되어

우리에게 불어 넣으신 생기를
온전히 하나님께 돌려드려요

스마트폰

'너무나 사랑스러워 주머니에 넣고 다니고 싶다'고
주문을 왼 덕에 어디서든 함께 할 수 있게 되었어
돌배기 아가부터 어르신까지 모두들 널 좋아하니
넌 참 좋겠구나

멀고 가까이에 있는 사람들이 연신 들락거리고
필요한 정보는 클릭만 하면 척척 배달해주고
어디서든 이어폰 끼고 음악도 들을 수 있고
일정을 정확하게 챙기는 센스까지
아하, 너의 능력은 참 무한하구나
엄지 척 해주고 싶어

손바닥 만한 널 들여다보며
이 세상은 그렇게 생겼거니 짐작만 할 뿐
오늘 아침 하늘빛은 어떤지
바람이 무얼 전해주러 왔는지
달빛과 별빛의 온도는 얼마쯤 되는지 느끼려 하질 않아

그저 너의 매력에 블랙홀처럼 빨려 들어가고 있어
넌 정말 대단해

오래도록 함께 살아온 부부가 닮아가듯
너와 분신처럼 지내다 보면
너의 표정을
너의 호흡을
조금씩 닮아가겠지

뭐든 쉽게 정리하도록 돕는 넌 증명과정을 생략한 채 외운 답만 삐죽 내미는 수학문제처럼 빠르고 친절하게 결론 내는 걸 좋아하지
너는 식을 줄 모르는 열정으로
이제 우리 주머니까지 몽땅 네 속에 넣고 다닐 기세로 달려오는구나

황학산에 들다

—봄

진달래꽃으로 연지곤지 찍은 산이
샛바람의 리듬에 맞춰 스텝을 밟는다

맑은소리 촘촘히 걸어둔 가지마다
딱새 방울새 노랑턱멧새 박새 곤줄박이 동고비 직박구리 딱따구리들의
7중창이 너울거리고
설렘의 햇살 한 줌 움켜쥔 청가시덩굴도
소리 한 가닥 잡으려 여린 손 뻗어나가고
어깨 펴고 연연두 밀어 올리는 나무들 기합소리에
온 산이 들썩이는

연둣빛 향에 취해 숲속을 둥둥 떠다니다
연연두 손가락 꼼지락거리는 작은 전나무 옆에 서면
골진 곳마다 폭신한 기운이 아슴아슴 스며들고
날 일으켜 세울 연두 숨결 일렁이며

발목에서 하얀 뿌리가 내릴 것 같아
온몸 뚫고 연연두 눈이 깜박거리며 돋아날 것 같아

맨발 걷기의 내공 펼치며 산속 구석구석을 읽어주는 소리와
이제 막 걸음 뗀 아가들의 아장아장 소리가 나이테의 궤도에 파고들어 진록이 되기 위한 걸음을 재촉하고
호기심 가득한 연두 눈망울 끝에 매달려 일어서는데

황학산에 들다
—여름

종일 서서 초록이를 건사하는
햇살의 무릎 딛고

하늘을 떠받칠 기세로 성큼성큼 올라서는
나무들

바람이 불 때마다 일렁이는
저 초록의 근육들

웃자란 그늘 재느라 허공을 딛고 선 자벌레와
찰나의 순간도 아까워 아예 귀에 들어앉아 낯선 기호 쏘아
대는
매미 틈에서도

잊지 않고 군데군데 하늘 창 열어두는 여유로움

떡갈나무 넓적한 이파리 숭숭 썰고 소나무 부드러운 속살도 야금야금 파내
새 생명 품어주고 키워내는
푼푼한 모성애

초록 잎 한 장 한 장 읽어내는 바람소리 수상해지면
나무들 생각이 골똘해지고 시선은 분주해져
진초록의 얼굴 낱낱이 받아 적는데

초록호흡법 익힌 발길이
돛여처럼 둥둥 떠다니는
초록섬

황학산에 들다
—가을

자신만의 색을 찾아 생각의 갈래만큼
다양한 길을 찾아가는 때

익은 햇살이 가지마다 빛의 메아리처럼 은은하게 걸려있고
굽은 길 돌아서는 쓸쓸한 바람 한 줄기 자신만의 색으로
다듬어가는 산속 세상이 숙연해져
긴 손가락으로 조심스레 쓰다듬는데

도토리 한 알 구르는 것에도 생각이 깊어져
귀뚜라미 울음도 한 다발씩 묶어두고
곱씹는 나무들

평상平床 같은 샛길 톡톡 돋아날 때마다
더 두꺼워지는 생각에 파랑波浪을 말갛게 가라앉히면
오솔길 위로 더 높이 솟아오르는 푸른 하늘이
넉넉한 풍경이 되고

그리 높지도 그리 수려하진 않아도
푸근한 이웃 찾듯 편히 찾아와
사는 얘기 주저리주저리 펼쳐놓는데

한 바퀴로 성에 차지 않아 서너 바퀴씩 도는 광팬들 발소리에
바스락거리는 나뭇잎도 하늘편지 펼쳐보며
잠시 생각을 정리해 보는데

황학산에 들다
—겨울

단단히 여물기 위해 수련에 든
나무들 깰세라 까치발로 다가서면
산 지키는 파수꾼처럼 의연히 서 있는
소나무 가지에 핀 눈꽃 반짝인다

진맥을 위해 침묵을 쪼아대는 딱따구리
간간이 안부 물어오면
나무들 뒤척이는 소리 부스스 들리고
골난 바람이 지르는 날 선 비명에
황급히 내려온 눈송이 모든 걸 다독다독 덮는데

깊은 곳에 가라앉은 언어의 문을 열면
무채색 침묵이 스크래치기법*으로 읽혀져
빛의 언어이기도 하고 슬픔의 언어이기도 하고 꿈의 언어이기도 한
겨울의 언어 고스란히 드러나는데

적당히 덮어두고 적당히 묻어두라는 듯
다시 흩날리는 눈송이에 하늘과의 경계 모호해지고
욕심을 묻고 담담히 덮어가는
또 하루

아이젠 착용하고 오는 극성팬과
눈길 쓰느라 고단한 싸리 빗자루가
가지런한 호흡 모은다

* 밝은색 크레파스나 색연필로 칠한 후 어두운 색을 덧칠하여 송곳이나 칼끝을 긁어서 바탕색이 나오게 하는 회화기법.

중봉, 역사를 읽다

임진년 8월 한가위
중봉장군 달빛 교교한 하늘 바라보며
나라의 운명을 읽고 있다
문文을 중시하고 무武를 소홀히 한 조선이
날 선 바람에 맞서야 하는 흰옷이 시리다

조선의 혁명을 꿈꾸며
동국18현으로 오롯이 제자 양성에 힘써왔는데
살얼음판 디디듯 읽어온 역사 속으로
장군 뚜벅뚜벅 들어간다

곡창지대인 호남을 지켜야 한다는 굳은 의지는
밀려오는 왜군의 숫자가 문제되지 않았다
물러섬은 그의 방식이 아니다
대쪽같이 곧은 성품을 팽팽한 시간에 걸쳐두고
의로 일어선 심장을 꿰어 전진할 뿐이다

왜군들은 파도처럼 밀려오는데
승차총통은 산발적으로 흩어져 더이상 조준되지 않고
칠백 개의 창은 점점 무뎌져 하나씩 붉은 꽃으로 피어나
연곤 평야의 검은 밤을 삼켰다

겹겹이 피어난 의로운 꽃
이제 새털처럼 가벼워진 몸으로
자유롭게 하늘을 날고 있을까

나라의 운명을 염려하는 중봉장군
오늘도
못다 읽은 역사를 읽기 위해
칠백의사순의탑 위에 있다

꽃벵이*의 춤

하얀 별이 뜬다
별이 깜박이듯 꼼지락거리는 네가
꿈처럼 떠오르는 한낮

참나무가 받아들인 햇빛과 바람과 새소리와 고운 빛깔의 꽃향기가 스며들어
볕뉘에도 동동 떠오를 듯 투명해지는
너를 본다

짧고 굵은 통모양의 네가 구르는 재주 하나만 가지고도
청정지역의 이정표를 세우다니
참나무와 볏짚의 숙성이 짙어질수록 너는 더욱 맑아지고
온난화에 대한 물음표는 옅어져 감을 알아챈 우리는
생명의 황금 고리를 찾은 듯 네 뒤에 놓인
친환경 미래식량에 대한 숙제를 하며
편견을 버리는 연습을 한다

절식에 든 너의 경건함을 본다
슬픔을 모두 걸러낸 말간 눈물같이 순한 모습에
숨소리조차 아끼며 내미는 손엔
한 생이 걸쳐진 느림의 미학이 들어있고
자신을 산산이 으깨어 공양하는 진실함이 들어있다

빠르게 돌아가는 세상에 길들여져 경직되고 사나워진 우
리는
어릴 적 마당에 서서 쏟아지던 별을 마주보듯
작은 우주가 되어 하얗게 쏟아지며 춤추는
너를 본다

* 흰점박이'꽃'무지 애벌레인 굼'벵이'의 별칭으로 '꽃'과 '벵이'의 합성어임.

루미큐브*

다 비워야 열리는 세상이 있어

가진 것에 대한 무게가 허공을 치며 주저앉을 때
이웃효과에 끌려다니던 가벼운 쇼핑이 끝도 없는 헛헛증을 만들 때
비움은 삶의 모서리를 촘촘히 다듬어가지

오랫동안 고여 있는 막연한 기다림에 대해
조명 받은 모습 뒤로 긴 그림자 스며듦에 대해
비움은 가슴 깊은 곳까지 볕이 들게 하지

불시착한 바람의 발자국 같은 소유목록 접어두고
물긋물긋한 세상을 향해 첫발을 떼면
움 미나리 같은 투명한 기도 돋아나는데

밀당의 고수처럼 늘어뜨린 생각을 타고 훨훨 날 준비에 골똘하다면

견고한 마방진을 쳐 분산되고 어우러지는 맥을 끊어 버린다면
해찰 떠는 철부지의 에돌아가는 지루함을 견뎌야 하지

세상은 덩그러니 혼자서 살아갈 수 없어
삼삼오오 어우러져 비어내는 신박한 처분에
매끈하게 흘러내린 그녀의 긴 머리처럼
살랑거리는 마파람소리 가슴을 채우고

세월의 각질마저 툭 털어내면 태초의 혼돈에서 걸어 나오는
한 줄기 빛에 눈이 밝아져

* 숫자 큐브를 이용해 규칙에 따라 받침대의 큐브를 먼저 비워야 이기는 숫자놀이.

늦은 오후의 중얼거림

요리조리 각 잡고 셔터 살짝 누르면
쏜살같이 파고드는 프레임 안의 세상에
나, 반쯤 걸쳐있다

무심한 듯 잘려나간 배경에 대해
안타까운 거리에 대해
멈춰버린 시간에 대해
슬며시 의문이 일면 튕겨져나간
기억 밖의 기억을 동그랗게 세우고 걸터앉아 본다

의도치 못한 프레임 밖의 세상은
새것을 얻기 위해 버린 옛것이었을까
부지중에 지나쳐온 5차원의 세상 같은 것이었을까
쏜살같이 흘러내리는 유성 같은 것이었을까

별꼬리처럼 떨쳐내지 못하는 기억 밖의 기억을 호출하려는 듯

강한 바람 한 줄기 급하게 내려와
나를 전송하는 호흡의 파동 하나 긋는다

이상건조 주의보

흙 한 줌 밟지 못하는 날이 점점 늘어나자
흙의 본분을 잊지 않기 위해 '사랑'과 '행복'을 데려왔어
"여기는 이 아이들 집이에요
난 그냥 집사일 뿐이지요"
아이돌 출신 집사가 겸손히 고백하자
녀석들은 방송사 한 귀퉁이를 차지할 수 있었지

유통기한이 다 되어 푸석해지는 모양을 다독여 수분을 밀어넣고
돌아가는 길을 쉽게 찾을 수 있도록 노모를 요양병원에 잘 모신 후
스마트한 세대는 원래 편한 구조를 즐긴다고 쉽게 결론지었어

매끄럽게 다듬어진 폴더를 열어 오랜 세월 모아온
지식을 모두 우겨넣고 인간의 존엄성을 지키려 했으나
뒷걸음치는 시계바늘은 점점 헐거워지고

흙덩이처럼 웅크리고 앉아 종일 TV와 독대하느라 타박이 담을 넘는데

녀석들과의 교감이 기대치를 키우는 바람에 마음이 간지러워
녀석들의 귀욤과 애교에 외로움을 기대기도 하며 활짝 핀 웃음꽃으로 집안을 가꾸는 건
녀석들의 방송국 지분이 더 늘어난 때문일 뿐 구두덜거릴 일은 아니지

녀석들이 예쁜 인식표 목걸이를 하고
녀석들의 언어와 생활습관을 배우느라 바빠진 집사를 데리고 산책을 하자
아이들도 안정된 호흡의 로망으로
리드 줄에 매달려 가볍게 운동하길 택한지라

방송국 지분을 질질 흘리며 흙의 성질을 시나브로 배우고

익힌

우리는 요양병원에 나란히 누워 외롬을 털기 위해
TV 속으로 파고들고

방송국에서 참교육을 받아 거듭난
녀석들은 더불어 살기 위해 안방 깊숙이 코를 박으며
새로운 계절을 꿈꾸고

| 제4부 |

이런 기쁨도 한 스푼 뜨고

우아한 깃 세운 새깃유홍초 빨간 꽃 사랑스럽게 어우러지는
8월 말. 아직 한 뼘도 되지 않는 어린것 얻어와 화분에 심으니
작은 바람에도 번번이 미끄러지는 게 남들
시꽃 피울 나이에 어설프게 발 떼기 시작한
내 모습 같아 안쓰럽기도 하고
꽃은 볼 수 있을지 의문부호를 달아두었는데
추석맞이 청소하다 마주한 작은 꽃 한 송이
지지대 타고 올라와 앉아있는 게 아닌가
공작 꼬리깃처럼 소담한 잎을 만들 틈도 없이
여리여리한 연녹의 작은 잎마다 의젓하게 솟아있는
꽃대가 마냥 대견하기만 한데
가는 손 뻗어 허공을 짚으며 매일 한 송이씩 선물을 보내는
저 끈질긴 생명력이
팔랑이는 작은 깃 하나 달고 풍향을 조절하는
내 마음에 파고 들어오는데

잠시, 왔다가는

너는 외막이 둘러싸인 RNA 게놈을 가지고
태양광선의 둥근 띠같이 화려한 왕관을 쓰고 태어났지
전자 현미경으로나 볼 수 있는 1nm의 크기로
생물과 무생물의 어느 지점에서 곤히 잠들어있던
널 누가 흔들어 깨웠을까

스스로 증식할 수도 없어 세들
집을 찾아 이리저리 떠돌던 널 처음 만났을 때
왕성한 전파력에 우린 무척 당황했지

높아지는 만장대가 하늘길을 막고 교문을 막아서고
대화의 문조차 닫아버려
반쯤 잃어버린 얼굴로
반쯤 잃어버린 신뢰를 결제하며
무기력 속에서 몇 쪽의 계절이 흘러가고
깊이 박힌 습관마저 하나씩 벗어던지고

무분별한 자연 파괴를 자책하며 참회하는 이도 있고
인간의 지나친 욕심을 의심하며 손가락질하는 이도 있고
무심하게 문을 닫아걸고 아예 그림자처럼 지내는 이도 있고

네가 숨은 권력자 노릇을 하며
지구촌을 다스릴 기세로 덤벼들자
팬데믹이 선언되어 우리의 삶은 저당 잡히고
지구촌은 속절없이 출렁거리고

우리의 시간을 접어 나비잠 자던
그때로 속히 되돌아갈 수 있기를
어서 이 지리한 전쟁이 끝나길

지구의 주인은 우리들만이 아님을

우리도 잠시 이 세상에 왔다가는 존재임을
QR코드에 입력해

뫼비우스의 띠*

정해진 분량을 찍어야만 퇴장할 수 있지
무한 공간 광야에서 뚜벅뚜벅 양을 채우자 시간이 열려
차세대를 세우기 위해 곡진히 신명기를 적고 있는 모세가 보여

어린 것들이 꼬물거리며 족적을 물고 나오면
정해진 분량을 복사하기 위해
밤새 또각또각 깊어지는 발자국

길이가 다른 낮과 밤이 정교하게 움직이는 세월을 꼬아 붙여
과학적 경이에 빠져 입증을 찾기 위해 늘 분주한 학문을 꼬아 붙여
세상 폭우에 속절없이 출렁이는 시간을 뚫고
바벨탑처럼 높아지는 생각을 뚫고
튼실한 시공간에 자리 잡고 앉은
순명의 고리를 빠르거나 느리게 또는 크거나 작게 그려나가

로이스에게서 유니게로 또 디모데로 이어온 믿음의 고리
배우고 확신하는 일에 거하기 위해 영적 유산 목에 걸고
화석처럼 굳어가는 겨울을 잰걸음 치며 휘저을 때에도
네 자녀를 위해 울라는 말씀이 들려
주소 옮겨 적느라 눈물 베어 먹으며 안팎 구별 없이 새겨
넣은 순종의 흔적이 보여
선한 일을 행할 능력의 젖을 물리며
하나의 모서리 따라 이어지는
저 무한의 궤적

* 길게 자른 종이 띠의 양 끝을 한번 꼬아 붙인 것으로 끊어지지 않고 연결되는 띠. 끝이 없이 반복되는 일이나 과정 등을 비유해서 표현하기도 함.

귀신고래 등대

노대바람도 쉬어가는 정자항의 맥을 짚는 건
세월의 흔적을 고스란히 모아온 포구나무다
파도를 한 가닥씩 풀어 짠
해먹이 걸어둔 저녁을 느슨하게 흔든다

연안 따라 구불구불 배어있는 샛푸른 기억에
회유의 길 잠시 포구나무에 걸어두고
머리를 곧추세우며 아득한 뭍의 냄새를 따라왔을 터인데
이제는 낮은 실루엣으로 방파제를 서성이는
한국계 귀신고래 두 마리
쫑알대는 아이들 소리에 아직도 정신이 팔려
온몸을 포토존으로 내어주고
희미해진 약속 더듬으며 마음 끝자락 베어 문다

먼길 달려온 파도가 발목을 잡아끌면
언젠가 귀신처럼 불쑥 나타날 거라는 의문을 내려놓고
깊은 바다로 훨훨 날아가고픈데

기약 없는 시간의 그늘을 펼치고 앉아
바닷속 어느 골짜기에 머물 가족 생각에 그리움 울컥 솟아
오르면
싱싱한 꼬리지느러미 힘차게 흔들어 붉은 빛 쏘아대며
전깃줄 같이 얽혀진 초음파 회로를 찾아
파도의 혈점을 하나씩 하나씩 짚어간다

불면, 더 가벼워지는

꼬투리 잡아당기면 줄줄이 쏟아져 나오는 강낭콩처럼
웅크린 이야기들 끊임없이 딸려 나온다

밤을 밝히면 천근만근 무겁게 주저앉던
눈꺼풀이 이젠 꼬투리 조랑조랑 매달고도
너끈히 밤을 들어 올리는 힘
어디서 오는 걸까

시간의 함지박에 가득 담겨진
사연들 쓱쓱 비비면
머릿속은 한층 더 환해지고

말해도 듣지 못하고
들어도 대답하지 못한 채
그저 묵음처리 하기에 급급했던
지난날이 서성이고
느닷없이 내일 문이 허공을 차고 날아오르고

두터운 세월의 벽도 가뿐이 통과하며
우주를 떠도는 중성미자처럼 난
한없이 가벼워진다

도시 위에서*

날개 하나 가지고 싶었어

무너져 내리는 허리를 접어 일그러진 습곡처럼 땅에 납작 달라붙은 민둥한 날개 하나 간신히 건져냈지

날개를 떼어 말리는 밤마다 몇 번이나 모양을 바꾸느라 생각은 더욱 분주해져
부겐베리아처럼 포인센티아처럼 덴트롱처럼……
꽃인지 포엽인지 알 수 없는 화려함 한 다발 달아보고 싶었어

기댈 수 있는 무게가 없다는 건 아직 한쪽 날개가 자라나지 않은 때문일 거야

날갯짓이 치밀하게 스며들자 하늘문 안팎의 구별이 희미해지고
세상이 궁금해진 날개는 프레임 안으로 들어가 버려
난 다이달로스처럼 깃털을 모아야 했지

날마다 키재기하며 자라나는 건물들 사이로 고여드는
그렁한 눈물

회색울음 짊어진 계단마다 구불거리는 모서리는 파란하늘 한 자락씩 베어주므로
도시 위 풍경을 균형 있게 쌓아갔지

날개가 허공과 부딪히는 계절
푸른지 검은지조차 알 수 없는 하늘 달래가며
휴면기에 접어든 번데기처럼 웅크린 채 '나 홀로 법전'을 꼼꼼히 써내려가고 있어

날개의 색과 온도는 일정하지 않더군
바람칼 없이도 하늘에 길을 내기 위해
오늘도 날개 끝동에 돋아나는 샛말간 발효점

*샤갈의 그림 '도시 위에서'를 빌려옴.

애드벌룬 배구

높은 곳을 좋아하는 너는
수천 마리의 새떼처럼 날아오르고 싶어
보름달처럼 잔뜩 부푼 온갖 꿈을 담아오지

백배나 많은 바람을 가둘 수 있다는 건
백배나 많은 자유를 누릴 힘이 있다는 거지
너의 거대한 몸집에 내 눈을 붙이느라
슬로우~ 슬로우가 규칙인 걸 잠시 잊고
차오르는 생각을 습관처럼 성급하게 쑤셔넣었어

종종걸음에 익숙한 우리들
갑자기 던져진 네 머리채 바짝 끌어당기고
바람을 거스르는 불손한 생각을 꺼내보려 하지만
네 고향이 허공임을 잠시 잊고 손끝으로 옮겨간
무게중심이 조급한 마음을 접지르며
자꾸 발을 거는 바람에
나무토막처럼 꽈당 흩어진 꿈조각

저만치 둥실 떠가네
슬로우~ 슬로우~ 구령에 맞춰

자화상을 그리다

찰필의 다독임에 똬리 튼 시간이 옯게 내려앉으면
지천명의 수레가 물기 찌운 때를 실어온다
바투 보기로 미처 읽어내지 못해 얼룩얼룩 묻어있는
세월을 벗기려면 콘테연필을 더 길게 벼려야 한다
들숨보다 날숨을 한 소솜 더 할애한 무게에 자꾸 멀미하는
기울기를 수평으로 맞추고
입:귀=1:2의 비례배분에 길들여지지 못한
말을 염장시켜 쓴맛을 우려내면
숨바꼭질하던 귀가 슬며시 드러난다

흐르는 시간을 미처 따라가지 못해 아직도 시간표에 갇혀
있는
사람들을 하나씩 소환하여 차양 달 듯 눈썹에 심노라면
지척불변의 세상에 대한 논쟁이 다시 시작되고
증거수집의 귀재인 머리카락이 날마다 꼼꼼히 기록한
정보를 미적분하여 연력에 단정히 그려내면
가뭇없는 시간들이 퇴적층 단면처럼 확연히 펼쳐진다

탄력이 상실되어가는 자리에 무심한 듯 자잘한 주름꽃 피어나면
어둠의 이력을 견뎌낸 경계선마다
각 잡힌 지우개가 날을 세우고
빛과 어둠이 극명하게 되살아난다

여인들의 향기

느슨해진 오후를 깨우는 건 깊거나 얕게 박힌 시간을 넘어 한 줄기 빛을 타고 쏟아지는 향기지 꽃말을 타고 스며드는 여인들의 아름다운 향기지

라합 믿음으로 생명줄 부여잡고 생의 물기를 걷어내는 소망의 무늬를 짰지 지혜와 정열의 꽃 **샐비어**의 새붉은 줄기가 준엄하기 조차한 것은 민첩하고 결단력 있는 용기 때문이 아닐까

드보라 명철을 주소로 삼아 국가의 무거운 그물 넉넉히 길어 올리고 찬 서리 속에 스며드는 **국화향**을 자유와 평화의 노래에 담았지

룻 고단함을 담근 삶 속에서 효심과 순종하는 마음 밝혀 조랑조랑 주머니에 담아 선한 소문 전하는 **금낭화**

에스더 민족을 위한 기도의 불꽃을 피워 간밤의 슬픔을 모두 태워버리고 이슬 맺힌 꽃잎 돋보이며 기쁨으로 화사하게 단장한 **장미화**

마리아 음지에서 눈보다 하얀 별꽃이 피었지 발돋음한 햇빛보다 더 환하게 퍼져나가는 휘황함 그 안에 우주를 품고 영원한 사랑을 노래하는 순결한 **백합화**

안나 가슴에 촛불 하나 켜놓고 수많은 날을 기도로 수놓았지 어두운 밤을 악말궂게 바라보며 주의 구원을 소망하는 간절함이 묻어있는 **달맞이꽃**

다비다 어머니의 마음으로 한 땀 한 땀 착하고 귀한 옷을 지었지 선행과 구제로 주님 나라의 터를 확장한 따스한 **목화향**이 넘치지

날빛에도 주눅 들지 않은 향기가 작은 틈새도 허락하지 않고 비단실 같은 명지바람에 실려 내 삶을 관통하고 마침내 **나**의 시간이 바닥을 드러낼 때 더 부서지고 더 깨어져 햇빛이 또각또각 걸어 다니는 이 정원 한쪽 구석에 **작은 돌** 되어 살포시 놓여진다면

공간 시간 코드 STC*

—이스라엘에 다녀와서

어둠은 신비를 더하지
한층 더 가까워진 만월과 소곤거리며
바로 머리 위로 흐르는 은하수 소리 자장가 삼아
까무룩 잠들다 깨어도 여전히 밤을 건너는 중이야
어둠이 짠 깃털로 살며시 들어 올려지는 아늑함은
마치 웜홀*을 빠져나가는 듯한 감동을 주지

어쩌면 빛보다 더 빠르게 날아왔는지 몰라
시간을 거슬러온 듯 오랜 세월 무채색만 입어온 예루살렘
성들은
하늘을 이고 앉아 지나간 일들을 세세히 펼쳐 보여주네

빛 한 줌 앉을 수 없는 히스기야 터널을
개미처럼 줄지어 첨벙첨벙 걸으며
나는 역사의 주인공이 된 듯 시간의 층위 속으로 빠져들었어

통곡의 벽 지하 깊은 곳 작은 틈새마다 꼬깃꼬깃 접힌 채 들어앉은 기도문에는

광야에서 작음을 연습하는 순례자의 눈이 따라와 어느새 자리 잡고

숱한 발자국이 찍힌 갈릴리의 숨결이 더듬더듬 만져지고

지구 가장 낮은 곳에 머물며 모든 걸 받아들이는
사해에서 발끝 세운 윤슬이 끄집어내는
태초의 호흡법을 익혀 세밀한 시간 속을 유영하는 기분이란

시차를 뚫고 빛을 향해 솟아오르자
눈부신 설원같이 펼쳐진 구름은
시간과 공간을 씨실과 날실 삼아 부지런히 짜더니
내게 달아주더군

꿈만 같은 사실이 깃털보다 가벼운 날개가 되어
발을 딛고 나가야 할 땅 위에

날 살포시 안착시키네

* STC : Space Time Code. 데이터 신뢰도 향상을 위해 복수의 송신 안테나를 코딩하는 기술.
* 웜홀 : 블랙홀과 화이트홀을 잇는 가상의 시공간 터널.

호수와 나무

반짝임 하나 지나갑니다 찰칵
보이는 건 모두 가슴에 담아두는 버릇이 있어
좀처럼 그냥 보내질 못하네요
혹여 놓칠세라 커다란 눈 깜박일 새도 없군요

바람 한 줄기 지나갑니다 찰칵
닿는 것마다 가슴에 새겨두는 습관이 배어
그냥 지나치게 못하지요
행여 놓칠까 여러 개의 손을 마구 뻗어요

황금분할 구도를 생각할 틈도 없이 담아둔 정보는 용도에 맞게 분류해 둡니다 이를테면 구름1의 표정이라든가 성격이라든가 표면적이라든가…… 구름2와 비교하기 좋게 가지런히 정리해 두죠

햇살 서너 줌 오물거리던 나무가 아가손을 삐죽 내밀기 시작하는군요 찰칵찰칵

〉

그 오랜 세월 얼마나 많은 것들을 찍어 담아두었을까요 하늘을 배경화면으로 깔아둔 채 새로운 아침을 맞는 호수의 서버가 궁금해진 나무는 별의 화석같이 말간 호수 속으로 자박자박 걸어 들어갑니다

나무를 간질이는 게 뭘까요

호수면에 보일 듯 말 듯 이는 나무의 엷은 미소가 잔물결 되어 번져감이 보이시나요

존재의 기

오며가며 눈도장 찍던 마가렛 자리 더듬어본다
별을 그리워해 베란다 VIP석에 긴급히 입원시켰는데
무의식중에 허공을 겉도는 눈길 허허롭다

존재만으로도 감격스러워 해 같은 미소 짓던 때 있었는데

남녀의 팽팽해진 신경줄 허공을 더듬느라 분주하다
불평에 가속도가 붙기 전
미움이 똬리 틀기 전
첫 만남의 설렘 공식 이식하고 싶어지는데

겹겹이 껴안은 감정 온도가 급랭하기 전
기대감이 바람 빠진 풍선처럼 헐렁해지기 전
침묵을 금으로 알아버리기 전
섞이지 못한 공간에 시나브로 선이 그어지기 전
매일 아침마다 작은 씨앗으로 태어나 존재의 기 세우고 싶은데

〉

설레임 문 마가렛꽃 거실로 되돌아오길 기다리는
말없음표는 공기 세울 지렛대 찾아
아이방을 슬며시 노크한다

해설|

생명수生命樹를 환원還源하는 서정의 힘
-김응혜의 시세계

백인덕

1.

현대의 '신화'는 지나치게 '정체성identity', 즉 자기동일성에 집중하여 정교해진 만큼 외적 연관을 잃고 있다. 즉 '자기(정신적 총체성으로서 The Self)'는 의식과 무의식으로 분리되어 '나'도 모르는, 혹은 '자기'도 어쩔 수 없는 상황에서 방황한다. 따라서 현대인은 누구나 카뮈의 『이방인』의 주인공 뫼르소이거나 카프카의 소설, 『성』의 방문이 허락되지 않는 K의 난관에 봉착해있다. 다시 말해 세계를 구성하는 요소로서의 '타자'와 '사물'과 내적 연관을 잃어버린 채 오직 '자기'라는 요새 안에 갇혀 사수할 그 무엇도 없는 불안한 그림자를 제가 게워내면서 제가 지키고 앉은 모양새라 비유할 수 있다. 따라서 시대적 요청은 오히려 세계를 지탱하는, 즉 대지에서 나와 하늘을 받치고 선 우람한 '생명수'의 신화적 상상을 복귀하는 '서정'을 간절히 바라고 있다. 이와 연관해서 생각하면, 김응혜 시인의 이번 시집은 매우 시의적절하면서 내실을 갖춘 두 마리 토끼를 다 잡은 형국이라고 할 수 있다.

나는
한 그루의 나무이고 싶다

한 뼘 땅에 뿌리내려 흙을 읽으며
햇살 한 줌 내려오면 받아먹고
지나는 실바람 이야기 모아두고
흰구름의 은은한 춤사위도 기억해
그윽한 달빛 줄에 걸어두고
풀벌레 소리 모아 연주하리라

뜨거운 태양 내리쬐면
파란 하늘 마주보며 웃는 법을 배우고
모진 비바람 속에선
소리 내어 잘 우는 법도 익혀 가리라

나이테가 늘어갈수록 호흡은 더욱 밝아져
친절한 노래 흥얼거리고
사랑의 가지 늘어뜨리며

그렇게
늘
제자리를 지키는

나는
한 그루의 나무이고 싶다

―「서시」 전문

주지의 사실이지만, '서시'는 일반적으로 대략 두 가지 의미가 있다. 하나는 '시의 말自序'처럼 서술된 것을 작품으로 구체적으로 형상화해 보여주는 것이고, 다른 하나는 시집에 수록된 작품 전체를 열어주는 방향타나 길라잡이의 역할이다. 어느 면으로 보나, 인용한 작품은 말 그대로 '서시'로서의 역할을 충분히 잘 수행하고 있다.

시인은 "나는/한 그루의 나무이고 싶다"라는 바람希의 선언적 명제로 작품을 연다. 이쯤에서 독일 주체 철학의 대가 헤겔의 '씨앗의 의지Will of Seed'라는 철학 우화寓話가

떠오른다. 그는 하나의 참나무 씨앗이 땅에 떨어져 아름드리 거목으로 성장하는데 필요한 요소들을 순차적으로 설명한다. 먼저 대지의 조건, 적당한 양의 수분, 햇빛의 양 등을 열거하고, 성장에는 반드시 시간이라는 요소가 개입해야 함을 드러내고, 끝으로 '씨앗의 의지'를 설명한다. 한 나무에서 나왔고 똑같은 조건에서 출발해도 끝내 거목으로 성장하지 못하는 씨앗들도 있다. 이 씨앗에게 부족한 것은 '의지', 곧 자기 내면의 '힘energy=power'이다. 이 상술詳述을 시인은 "한 뼘 땅에 뿌리내려 흙을 읽으며/햇살 한 줌 내려오면 받아먹고/지나는 실바람 이야기 모아두고/흰구름의 은은한 춤사위도 기억해/그윽한 달빛 줄에 걸어두고/풀벌레 소리 모아 연주하리라"라는 이미지로 곧바로 형상화한다. 철학적 설명에 앞서 시적 비유가, 특히 서정의 힘이 발휘되는 부분이 여기에 있다. 시인의 바람은 "그렇게/늘/제자리를 지키는" 자세로 집중한다. 단지 거목이 되고 싶다는 것이 아니라 '제자리'에 서 있는 '한 그루의 나무'가 되고 싶다는 이 바람은 엄숙하면서 경외감이 들게도 한다.

> 참나무의 계보를 펼쳐볼까요
>
> 수라상 오른 상수리, 잎으로 떡을 싸는 떡갈, 짚신 밑에 깔아 신갈, 너와지붕 덮은 굴참, 가을 잎새 닮은 갈참, 열매 작은

졸참……

참의 세상은 나눔이 익숙한 넉넉한 골목 가지고 있나요
평화가 넘치는 둥근 세계 만들어가나요

들판을 내려다보며 도토리 수를 조절해가는 밑그림을 그리는 군요
반질반질한 도토리에 모자를 준비하는 예의를 갖추는군요

긴 뿔 달린 사슴벌레 사각거리는 소리 들리나요
곁을 내어준 둥지마다 사부작거리는 소리 들리나요
표고가 둥치 타고 자박자박 올라가는 소리 들리나요

발 디딜 곳 찾아 집을 지어요
뿌리내려 일어서면 1목1주택의 당당한 입주를 만족하게 되겠죠

평생의 터전에서 부모형제와 한 마을 이루면 숙성의 농도 한층 깊어지겠죠
반짝이는 향기 먼 곳까지 걸어둘 수 있겠죠

나무초리마다 숲의 윤곽 세밀하게 계산하여 하늘을 조각하니 어울림의 모양 한층 돋보이는군요

참을 한 겹 더 입어보기로 해요

곧은 결 따라 푸른 불꽃 일어서네요
올곧은 호흡으로 정련하는 힘 높아지네요
온유한 열기로 순환의 맥 짚어가네요

황갈색 세상은 참 넓은 세계를 일궈가는군요

—「참, 참, 참나무야」 전문

시인은 친절하게 국내에 서식하는 6종의 '참나무의 계보'를 먼저 일러준다. 도구적 이성에 함몰한 사람이라면 어느 수종樹種에서 자기의 이익으로 환원할 수 있는 '도토리'가 가장 많이 열리는지를 먼저 생각할 것이다. 그것은 실용적이지만 시인의 생각하는 '참의 세계'는 아니다. 시인의 생각은 "참의 세상은 나눔이 익숙한 넉넉한 골목 가지고 있나요/평화가 넘치는 둥근 세계 만들어가나요"라는 반문反問의 형태로 구체화한다. 그 '참의 세상'은 '긴 뿔 달린 사슴벌레'와 '둥지'를 튼 새들과 '둥치'를 타고 오르는 표고버섯, 즉 세계의 필수 구성요소로서의 '타자'를 존중하고 받아들이는 '나무'의 자세에서 비롯한다. 그래서 "황갈색 세상은 참 넓은 세계를 일궈가는군요"라는 시인의 감탄이 대상에게로 향하는 발언이 아니라 시인 자신에게 주는 헌사와 찬사로 들리게 된다. 시인은 앞서 「서시」에서 "늘/제자리를 지키는 //나는 한 그루의 나무이고 싶다"라고 이미 발원發願했기 때문이다.

2.

나무로 비유하는 '참의 세상'은 "평생의 터전에서 부모형제와 한 마을 이루면 숙성의 농도 한층 깊어지겠죠/반짝이는 향기 먼 곳까지 걸어둘 수 있"(「참, 참, 참나무야」)을 것이다. 하지만 세계의 양면성, '참과 거짓'이나 '흑과 백' 같은 이중성이 아니라 양면이 있어야만 존재로 구성되는 동전처럼 이상과 현실이 동등하게 균질적으로 분포할 수 없는 게 또한 '세계'라는 인식을 시인은 충분히 자각自覺하고 있다.

거죽만 남아 배배 꼬인 다리
두 손으로 다독여 들어 올려가며
길을 재촉하는
울 엄니

(중략)

수직인생을 베끼며 완강히 버텨온 덕에
걸음보조기 하나 얻어 한 몸이 되고서야
비로소
직립을 선언하는 허연 머리
하늘 향해 나폴거리는데

—「직립선언」 부분

어쩌면 시인에게 바라보는 대상으로서 또 한 그루의 거목巨木이었을 '울 엄니'를 바라보는 시인의 시선은 따뜻하지만, 또 그만큼 애처롭다. "살아온 날만큼 패인 곳 많은/곰보바닥 위로 시간이 지나는" 요란한 소리를 시인이 들을 수 있고, "공손히 허리 숙여 두 다리 끌고 가는/저 세월의 무게"를 굳이 달아보지 않아도 가늠할 수 있기 때문이다. 시인은 다른 작품, 「탈피」에서는 "계절이 바뀔 때마다 손수 새 옷을 지으시던 아버지/새벽마다 책상 앞에 앉아 잠자리 날개 같은 실 뽑아/미달된 질량 채우시려 손끝에 매달린 지문 날마다 새로 짜셨"던 '아버지'의 기억을 소환한다. 걸음보조기와 한 몸이 되어서야 '직립 선언'을 할 수 있는, 즉 하늘을 향해 고개를 세울 수 있는 어머니와 "또르르르 탁 또르르르 탁/자판 위를 걸을 때마다/아직도/새 옷 지으시는 소리"로 되살아오는 아버지,

그렇게 시인의 '제자리'는 자신의 존재 '거소居所'이면서 동시에 양친兩親의 시간이 귀환하는 '귀소歸巢'이기도 하다.

바닥이 훤히 들여다뵈는
섬에 하얀 꽃을 심어요
무심함이 부풀어 오르자
섬은 할미꽃처럼 꼬부라들고
문은 벽 뒤에 숨어요

나선형 은하 안쪽 구석의 붉은 별처럼
가슴에 맺힌 한을 태워
재처럼 하얗게 피어난 꽃이지요
겨우 모양만 남아
주어진 시간을 억지로 채워가요

셈이 서툰 아이는
아직도 문을 찾지 못해 더듬거리고
높아지고 빛바랜 턱은
자꾸 문을 감춰요

낮은 바람에도 들썩이는 기척들
주름진 손으로 다독이고
바람을 꺾어 흩뿌리면

빛을 갈아 끼듯 무채색 꽃잎 한 장

기우뚱 피어나요

—「하얀꽃」 전문

시인은 "자판 위를 걸을 때마다/아직도/새 옷 지으시는" 아버지를 만날 수 있다. 아버지는 "홍시 떠먹이듯 꿈을 떠먹여 주신"(「낮은 발」) 존재이기 때문에 시인의 전범典範이자 귀감龜鑑이라 해도 과언이 아닐 것이다. 시인은 아버지의 '단단해진 등짝'을 기억하지만, 자신이 만드는 세계는 '패인'(「직립 선언」)과 '단단해진'(「낮은 발」)이 아닌 '하얀'으로 특정할 수 있는 곳이다.

시인은 자신의 세계를 창조한다. 물론 그것은 그의 시 세계를 의미한다. 달리 무엇이 있겠는가. 거기는 "바닥이 훤히 들여다뵈는/섬"이다. 거기서 시인이 하는 일은 '하얀 꽃'을 심는 것뿐이다. 그런데 "셈이 서툰 아이는/아직도 문을 찾지 못해 더듬거리고/높아지고 빛바랜 턱은/자꾸 문을 감"추는 모순 상황이 되풀이된다. 사실 시인은 일종의 트라우마를 고백한 바 있다. 가령 「건빵과 별사탕」에서 "여섯 살 때 외할머니 따라 원남장에 갔더니/입이 작다고 건빵 대신 좁쌀 하나 들어있는 별사탕을 주셨지/그때부턴가 내

입은 자라질 않아/입재기 하면 늘 밀려나/하마처럼 입 벌리고 마구 쏟아지는 천둥소리가 무서"웠던 기억을 펼쳐 보여준다. 시인은 이후 "작은 입 키워보려" 절룩이며 걸어왔다. 그 시간은 "낮은 바람에도 들썩이는 기척들/주름진 손으로 다독이고/바람을 꺾어 흩뿌리면" '무채색 꽃잎 한 장'이 겨우 '기우뚱' 피어나는 지난至難이었다.

그러나 시인은 '참의 세상'을 '제자리'로 인식하는 굳건한 심성의 소유자다. 그렇기에 "입은 자랄수록 점점 가벼워져 동동 떠다니다/불꽃처럼 퍼~엉 터지곤 하지/불꽃을 따먹으려 몰려온 사람들"(「건빵과 별사탕」) 속에서도 결코 주눅들지 않는다. 시인의 바람은 '한 그루 나무'가 되어 '입의 말'이 아니라 바람과 비, 혹은 세계의 타자와 사물들과 두루 소통하는 데 있기 때문이다. 즉, '귀'가 필요하지 '큰 입'이 정말 필요한 것은 아니기 때문이다. 시인은 이미 어린 시절부터 "말이 달려와요/언어 번역기가 없던 시절엔/귀 달린 도롱이 입고 온몸으로 들었"(「비」)던 경험이 있다. 몸으로 듣는 방식을 체득했기 때문에 "글썽이던 귀가 자라기 시작하면/몽토라진 추억 하나씩 다듬어 가슴에 걸고/곡의 마디마디 웅크린 채 고여 있는 말들이 일어서서/헐렁한 시간들을 깎지끼어 나가"는 꿈을 이룰 수 있다.

3.

김응혜 시인은 이번 시집에서 자신을 '제자리'를 지키고 선 '한 그루의 나무'로 정위定位하면서 '나눔이 익숙한', '평화가 넘치는 둥근 세계'(「참, 참, 참나무야」)를 지향한다. 이 세계는 '나무'에 깃드는 모든 생명과 햇빛과 바람, 비처럼 나무와 어울려 세상을 조화롭게 하는 온갖 자연현상이 상생相生의 장場으로 펼쳐지는 시공이다. 무엇보다 그곳은 관념으로 축조築造한 구성물이 아니라 시인의 생활과 생각이 적절히 안배되어 저절로 형성하는 세계라는 점에서, 나아가 우리가 기원基源이라 부를 수 있는 데에까지 미친다는 점에서 특색있다.

시인은 시집의 3부에서 「하늘결소리」 연작 3편과 '황학산'의 4계를 각기 형상화한 「황학산에 들다」 연작 4편, 그리고 「꿈꾸는 여주」(여주시가市歌로 선정된)와 「유등, 다시 피다-충무공 김시민 장군을 생각하며」, 「중봉, 역사를 읽다」 등의 행사시 등 다양한 시재詩材를 펼쳐 보여준다.

자신만의 색을 찾아 생각의 갈래만큼
다양한 길을 찾아가는 때

익은 햇살이 가지마다 빛의 메아리처럼 은은하게 걸려있고
굽은 길 돌아서는 쓸쓸한 바람 한 줄기
자신만의 색으로 다듬어가는 산속 세상이 숙연해져
긴 손가락으로 조심스레 쓰다듬는데

도토리 한 알 구르는 것에도 생각이 깊어져
귀뚜라미 울음도 한 다발씩 묶어두고
곱씹는 나무들

평상平床 같은 샛길 톡톡 돋아날 때마다
더 두꺼워지는 생각에 파랑波浪을 말갛게 가라앉히면
오솔길 위로 더 높이 솟아오르는 푸른 하늘이
넉넉한 풍경이 되고

그리 높지도 그리 수려하진 않아도
푸근한 이웃 찾듯 편히 찾아와
사는 얘기 주저리주저리 펼쳐놓는데

한 바퀴로 성에 차지 않아 서너 바퀴씩 도는 광팬들 발소리에
바스락거리는 나뭇잎도 하늘편지 펼쳐보며
잠시 생각을 정리해 보는데

—「황학산에 들다—가을」 전문

시인은 '한 그루 나무'로서 외따로 떨어져 자신만의 시공을 주장하며 고립하지 않는다. "자신만의 색을 찾아 생각의 갈래만큼/다양한 길을 찾아가는 때"에도 "도토리 한 알 구르는 것에도 생각이 깊어져/귀뚜라미 울음도 한 다발씩 묶어두고/곱씹는 나무들"을 바라만 보는 것이 아니라 자연스레 동화同化되어 시인은 그 자신이 '황학산'의 품이 되는 변전變轉을 경험하게 한다. 보여줌으로써 알게 하는 것이다.

이번 시집에서 시인은 서정의 폭을 확대하기 위해 「젠가」, 「루미큐브」, 「뫼비우스의 띠」, 「공간 시간 코드 STC-이스라엘에 다녀와서」와 같은 결이 다른 실험적 작품들을 보여준다. 이런 관심의 변화는 과거의 신화에서 현대의 신화로, 나무로 비유하자면 뿌리에서 우듬지로 옮아가는 것과 같다. 결국, 한 몸의 작용이며 한 생각의 갈래라는 것을 충분히 자각하고 있다는 데서 이런 작품들의 미래를 더욱 기대하게 한다. 그중 가장 수월秀越한 작품은 「여인들의 향기」라 할 수 있다. "날빛에도 주눅 들지 않은 향기가 작은 틈새도 허락하지 않고 비단실 같은 명지바람에 실려 내 삶을 관통하고 마침내 나의 시간이 바닥을 드러낼 때 더 부서지고 더 깨어져 햇빛이 또각또각 걸어

다니는 이 정원 한쪽 구석에 작은 돌 되어 살포시 놓여진다면" 시인의 시는 '하얀'이라는 특색에 덧대 어떤 '향기'를 뿜어낼지 찬찬히 기대해 볼 수밖에 없다.